# Die 12 Funktionen der Steuern

## Entwürfe für die Zukunft  –  Band 22

**Kontakt:**  www.HarryEilenstein.de
Harry.Eilenstein@web.de
Harry Eilenstein bei youtube



**Verlag:** BoD · Books on Demand GmbH, Überseering 33, 22297 Hamburg, bod@bod.de
**Druck:** Libri Plureos GmbH, Friedensallee 273, 22763 Hamburg

**ISBN:** 978-3-8192-4541-1

# Inhaltsübersicht

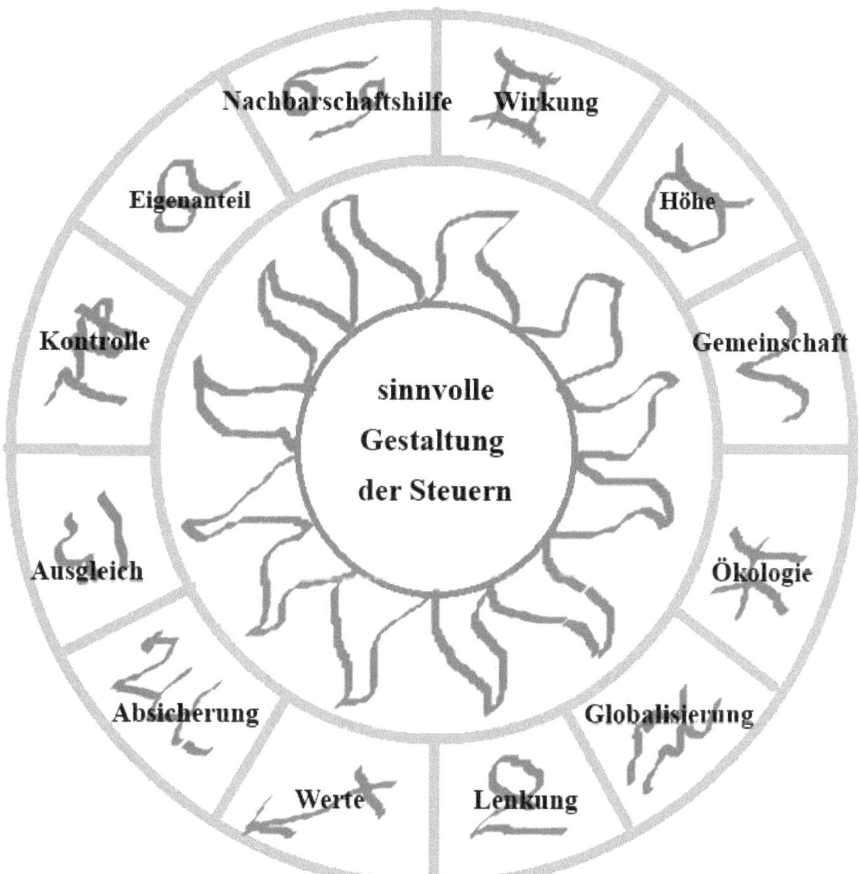

# Warum 12?

Alle Bücher dieser Reihe haben genau 12 Kapitel – was sich ja auch in den Titeln dieser Bücher widerspiegelt. Warum?

In diesen Büchern wird der Tierkreis als Matrix von 12 verschiedenen Sichtweisen auf die Welt verwendet, um das Thema des Buches möglichst umfassend in 12 Kapiteln zu betrachten. Dadurch wird eine ausgewogenere, umfassendere und tiefere Einsicht in das jeweilige Thema erlangt als es ohne ein solches Raster, ohne eine solche Matrix möglich wäre.

Der Tierkreis wird in dieser Buch-Reihe als Forschungs-Hilfsmittel benutzt, durch das die Einseitigkeiten in der Betrachtung zumindest vermindert werden können. Weiterhin werden durch dieses Vorgehen diese 12 Sichtweisen auch als Ergänzungen zueinander, als organische Teile eines Ganzen deutlich.

Die Inspiration zu diesem Vorgehen stammt aus Hermann Hesses Roman „Das Glasperlenspiel", für das er 1946 den Literatur-Nobelpreis erhielt. In diesem Roman beschreibt er die öffentlichen Darstellungen von Übersichten und Gesamtbetrachtungen, die mithilfe von verschiedenen allgemeinen Strukturen wie z.B. dem Ba Gua aus dem chinesischen Feng-Shui angefertigt und aufgeführt werden.

Diese Buch-Reihe ist ein Versuch, Hesse's Idee im ganz Kleinen konkret zu verwirklichen.

Die Blickwinkel der 12 Tierkreiszeichen sind:

| | | |
|---|---|---|
| ♈ | Widder: | Spontaner |
| ♉ | Stier: | Genießer |
| ♊ | Zwilling: | Neugieriger |
| ♋ | Krebs: | Familienmensch |
| ♌ | Löwe: | Egozentriker |
| ♍ | Jungfrau: | Handwerker |
| ♎ | Waage: | Schöngeist |
| ♏ | Skorpion: | Tiefgründiger |
| ♐ | Schütze: | Idealist |
| ♑ | Steinbock: | Realist |
| ♒ | Wassermann: | Theoretiker |
| ♓ | Fische: | Träumer |

# 1. Gemeinschaft

᚛♈︎᚜

♈︎

*„Steuern zahlen? Das Geld, das ich selber mühsam verdient habe wieder abgeben? Kommt nicht in die Tüte! Über mein Geld bestimme ich selber!"*

„Ein verständlicher, extrem-liberaler Ansatz – doch was würde geschehen, wenn die Steuern abgeschafft würden? Es gäbe kein Geld mehr für die kollektiven Aufgaben wie den Bau von Straßen und Krankenhäusern, für das Militär, für die Verwaltung, es gäbe keine Regierungen …"

*„Aber was gäbe es dann?"*

„Es gäbe keine Kontrolle mehr von oben …"

*„Sehr gut!"*

„Und es gäbe keinen Schutz durch die Gesetze, durch die Polizei und durch das Militär mehr."

*„Hm …"*

„Dann würde das Recht des Stärkeren herrschen. Die Reichen würden immer mächtiger und würden sich bewaffnete Milizen halten und wir wären bald bei einer Königtum-ähnlichen Struktur angekommen, in der die Macht bei ganz wenigen liegt.

In dystopischen Romanen und Filmen, die eine düstere Zukunft auf der Erde zeigen, wird diese Szenerie immer wieder dargestellt – z.B. in 'Die Tribute von Panem'."

*„Gut … ganz ohne Staat geht es also nicht … Also mit möglichst wenig Staat."*

„Aber wie einigt man sich darauf, wie viel Staat und wie wenig Staat gebraucht wird?"

*„Ganz einfach: So wenig Staat wie möglich."*

„Und so viel wie nötig."

*„Genau.“*

„Aber wie viel ist 'so viel wie nötig'? Wer legt das fest?“

*„Der Staat macht nur das, was alle brauchen, wie die Straßen, die Krankenhäuser, die Polizei, das Militär ...“*

„Und die Verkehrsregeln und andere Gesetze wie die im Bürgerlichen Gesetzbuch.“

*„Das zählt nicht mehr zu den notwendigen Dingen.“*

„Also das Recht des Stärkeren, des Schnelleren, des Reicheren?“

*„Ja – schließlich hat ja jeder die Chance, stärker, schneller und reicher zu werden. Das ist nur gerecht – jeder hat so viel, wie er leisten und kämpfen kann.“*

„Das ist der extrem-liberale Standpunkt: Gerechtigkeit ist die Macht des Stärkeren.“

*„Genau: Es sind doch auch immer die Stärkeren, die die Gesetze machen und sie dann mithilfe der Polizei und mithilfe des Militärs durchsetzen!“*

„Recht ist also detaillierte ausformulierte Macht ...“

*„Kann das überhaupt anders sein?“*

„Also jeder für sich und jeder gegen jeden?“

*„Ja – wobei man ja auch noch für seine Familie sein kann.“*

„Also Sippe gegen Sippe?“

*„Ja.“*

„Das wäre dann das Niveau und die Organisationsform der Altsteinzeit – wobei damals in der Regel noch keine Kämpfe zwischen den Sippen geführt wurden. Das erinnert mich an Clan-Kriminalität – die funktioniert nach diesem Prinzip.“

*„Jetzt übertreibst Du aber!“*

„Siehst Du in der Grundhaltung denn einen Unterschied?“

*„Hm ...“*

„Was ist mit Krankenversicherung, Arbeitslosenversicherung, Rente, Pflegeversicherung …?“

*„Was soll damit sein? Das kann doch jeder für sich privat machen!“*

„Wenn man genügend Geld dafür hat.“

*„Dann soll man sich mal anstrengen, dass man genügend Geld hat.“*

„Also frei nach Darwin: Die Starken überleben.“

*„Ja, genau.“*

„Und was ist, wenn sich die Schwachen zusammentun und Gewerkschaften bilden? Oder wenn sie so verzweifelt sind, dass sie die Reichen plündern? Das ist alles schon mal dagewesen – und nicht nur einmal.“

*„Dann müssen die Reichen eine bessere Polizei erschaffen.“*

„Und wenn Du auf der Seite der Armen und Schwachen wärst?“

*„Da bin ich aber nicht.“*

„Und wenn Du es wärst?“

*„Unsinnige Frage! Ich würde immer dafür sorgen, dass ich auf der Sieger-Seite bin!“*

„Und wenn Du verlierst?“

*„Dann mache ich es beim nächsten Mal besser.“*

„Klingt nach einem sehr stressigen Leben …“

*„Das Leben ist nun mal ein Kampf.“*

„Dein Liberalismus macht also den Reichen Stress, weil die immer siegen und sich schützen müssen, und er macht auch den Armen Stress, weil die Mühe haben zu überleben … Ein sehr stressiges System …“

*„Aber frei und gerecht!“*

„Das ist die Freie Marktwirtschaft.“

*„Das beste aller Systeme.“*

„Wäre das mit ein wenig sozialem Einfluss nicht weniger stressig?“

*„Komm mir bloß nicht mit Sozialismus!“*

„Die freie Marktwirtschaft mit ein bisschen Sozialem wäre erst einmal die soziale Marktwirtschaft.“

*„Die ist zur Not noch erträglich.“*

„Die funktioniert aber nur mit höheren Steuern als in der Freien Marktwirtschaft, in der der Staat ja nur eine Art Nachtwächter ist.“

*„Deshalb will ich auch die Freie Marktwirtschaft! Da raubt der Staat nicht die Bürger aus!“*

„Aber die Reichen können hemmungslos die Arbeiter ausrauben.“

*„Das ist deren Problem.“*

„Sagen die Wohlhabenden.“

*„Du bist ein Sozialist!“*

„Nein – im Sozialismus oder Kommunismus bestimmt der Staat alles. Da gibt es in dem Sinne keine Steuern, weil der Staat schon alles besitzt. Da wird zwar auch gerechnet, wer wie viel bekommt, aber im Kommunismus ist der Staat letztlich der Eigentümer.“

*„Null Freiheit ... Wer kann so etwas wollen?“*

„Es war ein Versuch, das Leid der Armen zu lindern.“

*„Ein gescheiterter Versuch.“*

„Weil die Partei, die alles lenkt, egoistisch wurde – und weil die Eigeninitiative keinen Platz mehr hatte ...“

*„Der Sozialismus ist gescheitert.“*

„Und der Liberalismus ist grausam zu allen Armen und Schwachen.“

*„Besser liberal als sozial. Da ist man immerhin frei und zahlt nicht so viele Steuern.“*

„Frei sind im Liberalismus nur die Reichen."

*„Aber jeder ist frei, reich zu werden!"*

„Nur theoretisch. Du fühlst Dich also mit dem Liberalismus wohl?"

*„Er ist das Beste, was wir haben."*

„Er hat aber auch zu der Klimaerwärmung geführt."

*„Unsinn!"*

„Doch! Wenn jeder tut, was er will und nicht auf das Ganze achtet, zerstört er die Umwelt. Die Abgas- und Abwasser-Verordnungen aus den 1970-er Jahren – die haben nicht die Fabrikbesitzer beschlossen, sondern der Staat. Wenn das nicht so gewesen wäre, hätten wir jetzt überall Dioxin und sauren Regen und keine Wälder mehr und wären längst erstickt, weil es ohne Wälder auch keinen Sauerstoff in der Luft mehr gäbe."

*„Du übertreibst!"*

„Hast Du damals mal in der Nähe einer solchen Fabrik gewohnt?"

*„Nein! Ich bin doch nicht verrückt!"*

„Es ist also verrückt, in der Nähe solcher Fabriken zu wohnen? Weil man da kaum noch atmen kann? Es ist also verrückt, die Umwelt mit Abgasen und Abwasser zu zerstören?"

*„Na gut – die Umwelt muss erhalten werden."*

„Ein grüner Standpunkt."

*„He! Nun werd mal nicht beleidigend!"*

„Wäre 'Natur-konservativ' besser?"

*„Klingt auf jeden Fall besser ... Heimatschutz, Heimatvereine ... dafür kann ich mich schon erwärmen."*

„Das macht man auch gemeinsam."

*„Ja."*

„Und die Klimaerwärmung ist ein Thema, das alle gemeinsam betrifft ... Also sollten das auch alle gemeinsam lösen ...“

*„Nun gut – ein Umweltschutzministerium ist wohl notwendig.“*

„Dieses Ministerium braucht Geld, um etwas bewirken zu können. Und die, die dort arbeiten, müssen bezahlt werden.“

*„Aber das alles muss so billig wie möglich gehalten werden!“*

„Du fürchtest die Vergeudung der Steuern?“

*„Natürlich! Das ist schließlich mein sauer verdientes Geld!“*

„Gut – und der Schutz vor Verbrechen? Und vor Kriegen? Und Straßen? Eisenbahn? Krankenhäuser?“

*„Es kann sich doch jeder selber schützen. Und gegen Krankheiten vorsorgen. Und die Straßen und Eisenbahnen könnten doch auch von privaten Firmen betrieben werden.“*

„Das heißt, man muss für jede Straße, die man betritt, Gebühren an den Straßen-Eigentümer zahlen? Wie viele Menschen müssten denn bei so einem Konzept als Kassierer arbeiten? Vor jeder Haustüre einer?“

*„Dann generelle Abgaben für die Straßennutzung an jede Firma.“*

„Das wären dann wieder Steuern unter einem anderen Namen.“

*„Hm ...“*

„Es geht doch darum, wie die kollektiven Aufgaben erledigen können. Und zwar möglichst kostengünstig.“

*„Ja! So billig wie möglich! Sonst raubt der Staat mir wieder mein Geld!“*

„Und das staatliche Bauen von Straßen mithilfe von Steuergeldern ist nun mal günstiger als wenn an jeder Gartentüre und jeder Haustüre jemand steht, der Gebühren für die Straßennutzung einkassiert.“

*„Das ist ein viel zu drastisches Bild!“*

„Ist es denn so realitätsfern? Manche Dinge lassen sich als Gemeinschaft per

Steuern leichter und billiger umsetzen als durch private Firmen per Benutzungs-
gebühren.“

*„Also gut – ein bisschen Staat ist kostengünstiger als gar kein Staat.“*

„Vor allem bei allen sozialen und ökologischen Fragen, weil die eben alle gemeinsam betreffen.“

*„Die ökologischen Themen ja – aber nicht die sozialen.“*

„Das stimmt – aber da die Ärmeren den Großteil der Bevölkerung ausmachen, sind
sie in der Mehrheit. Und ihnen wird eine staatliche Sozialversicherung sehr willkommen sein.“

*„Aber das darf nur so viel sein, wie für das Überleben notwendig ist! Steuern zah-
len, damit es keine Aufstände der Arbeiterklasse gibt – nun gut, das ist eine sinnvolle
Investition für die Reichen.“*

„Und ökologisch begründete Verbote?“

*„Komm mir nur nicht mit so was!“*

„Aber wenn die Erde kollektiv vor ihrer Zerstörung durch den Menschen geschützt
werden muss, kommen wir nicht um die Verbote der Dinge, die die Erde zerstören,
drum herum.“

*„Dann sollen eben technische Dinge erfunden werden, die das Problem lösen!“*

„Und wir warten und machen mit der Erd-Zerstörung, der Klimaerwärmung, dem
Artensterben, dem Giftmüll weiter bis was erfunden worden ist? Auch wenn bis dahin
die Erde vielleicht gar nicht mehr bewohnbar ist?“

*„Du übertreibst ständig!“*

„Das ist die Ansicht der Wissenschaftler. Sind die unsachlich?“

*„Das sind alles nur überängstliche Hasenfüße!“*

„Hm – Sachlichkeit ist also Überängstlichkeit, wenn sie zu Verboten führt?“

*„Du verdrehst die Dinge ständig!“*

„Nein – ich glaube nicht. Kollektiv notwendige Handlungen sind Begrenzungen des kollektiv und individuell Erlaubten.“

*„Und das geht gegen meine Freiheit!“*

„Aber es sichert Dir das Überleben auf diesem Planeten.“

*„Das ist übertrieben!“*

„Das sagen die Wissenschaftler.“

*„Also gut ... Wenn das wirklich gut begründet ist, dann muss es also auch Verbote geben.“*

„Diese Verbote sind sozusagen eine Absicherung gegen den kollektiven Selbstmord der Menschen.“

*„Du redest schon wieder mit so drastischen Worten.“*

„Ich hoffe, dass die Zusammenhänge dadurch klarer werden.“

*„Aber dieser riesige Verwaltungsapparat im Staat! Lauter Beamte, die nichts tun! Das sind Parasiten, die von dem Geld von denen leben, die wirklich arbeiten!“*

„Hast Du schon mal in einem Amt gearbeitet?“

*„Nein! Niemals!“*

„Das ist kein Faulenzen dort ... Ich habe schon mal im Finanzamt gearbeitet.“

*„Aber dann müssen die beaufsichtigt werden! Ich will keine Verschwendung meiner Steuergelder! Das muss eine schlanke, effektive Verwaltung sein!“*

„Deshalb ist ja auch der Bund der Steuerzahler gegründet worden. Dort kannst Du ja Mitglied werden. Die machen genau das: prüfen, was der Staat mit den Steuergeldern macht.“

*„Ich kümmere mich lieber um mich selber ...“*

„Heißt das, dass wir uns einig sind, dass wir eine kollektive Struktur brauchen, die die kollektiv notwendigen Arbeiten erledigt? Also eine Verwaltung?“

*„Na, gut – die brauchen wir wohl.“*

„Und die muss mit Steuern finanziert werden?“

*„Ist wohl notwendig ... aber die muss so effektiv wie ein Unternehmen laufen! Kein Faulenzen! Keine Verschwendungen!"*

„Dann sind wir ja einer Meinung: Steuern sind notwendig, aber sie müssen effektiv eingesetzt werden."

# 2. Höhe

♉

*„Wie hoch sind eigentlich die Steuereinnahmen in Deutschland?"*

„Die neuesten Zahlen sind von 2021. Damals waren es 833 Milliarden €."

*„Wie viel mussten denn die Menschen an Steuern zahlen?"*

„Das lässt sich nicht so einfach als %-Zahl ausdrücken. Man kann die Steuereinnahmen noch am ehesten mit dem Bruttosozialprodukt (BSP) vergleichen. 2021 waren das 3.674 Milliarden €. Die Steuerabgaben bezogen auf das BSP betragen folglich 22,7%, also zwischen einem Fünftel und einem Viertel des BSP."

*„Und wer hat was gezahlt?"*

„Das ist eine lange Liste … Man unterscheidet dabei Bundessteuern, Gemeinschaftssteuern, Landessteuer, Zölle und Gemeindesteuern."

*„Gemeinschaftssteuern?"*

„Sie stehen dem Bund und den Ländern gemeinsam zu."

*„O.k."*

„Also – die Liste:

**<u>Steuern insgesamt:</u>**         **833.189 Millionen €**    **= 100,0%**

**<u>Bundessteuern:</u>**         98.171 Millionen €    = 11,8%

| | | |
|---|---|---|
| *Versicherungssteuer:* | *14.980 Millionen €* | = *1,8%* |
| *Tabaksteuer:* | *14.733 Millionen €* | = *1,8%* |
| *Kaffeesteuer:* | *1.058 Millionen €* | = *0,1%* |
| *Alkoholsteuer:* | *2.089 Millionen €* | = *0,3%* |
| *Schaumweinsteuer:* | *341 Millionen €* | = *0,0%* |
| *Zwischenerzeugnissteuer:* | *22 Millionen €* | = *0,0%* |
| *Energiesteuer:* | *37.120 Millionen €* | = *4,5%* |
| *Stromsteuer:* | *6.691 Millionen €* | = *0,8%* |
| *Kraftfahrzeugsteuer:* | *9.546 Millionen €* | = *1,1%* |
| *Luftverkehrssteuer:* | *566 Millionen €* | = *0,1%* |
| *Solidaritätszuschlag:* | *1.028 Millionen €* | = *1,3%* |
| *pauschalierte Eingangsabgaben:* | *2 Millionen €* | = *0,0%* |

**<u>Gemeinschaftsteuern</u>** (Bund/Land):    621.096 Millionen €    = 74,5%

| | | |
|---|---|---|
| *Lohnsteuer:* | *218.407 Millionen €* | = *26,2%* |
| *veranlagte Einkommenssteuer:* | *72.342 Millionen €* | = *8,7%* |
| *nicht veranlagte Steuern vom Ertrag:* | *27.394 Millionen €* | = *3,3%* |
| *Abgeltungssteuer (unverheir. Paare):* | *10.029 Millionen €* | = *1,2%* |
| *Körperschaftssteuer:* | *42.124 Millionen €* | = *5,1%* |
| *Umsatzsteuer:* | *187.631 Millionen €* | = *22,5%* |
| *Einfuhrumsatzsteuer:* | *63.169 Millionen €* | = *7,6%* |

**<u>Landessteuern:</u>**         31.613 Millionen €    = 3,8%

| | | |
|---|---|---|
| *Vermogenssteuer:* | *- Millionen €* | = *0,0%* |
| *Erbschaftssteuer:* | *9.824 Millionen €* | = *1,2%* |
| *Grunderwerbssteuer:* | *18.335 Millionen €* | = *2,2%* |
| *Rennwett- und Lotteriesteuer:* | *2.333 Millionen €* | = *0,3%* |
| *Feuerschutzsteuer:* | *537 Millionen €* | = *0,1%* |
| *Biersteuer:* | *584 Millionen €* | = *0,1%* |

**<u>Zölle:</u>**         5.122 Millionen €    = 0,6%

**<u>Gemeindesteuern:</u>**         77.187 Millionen €    = 9,3%

| | | |
|---|---|---|
| *Grundsteuer A (Land- und Forst):* | *412 Millionen €* | = *0,0%* |
| *Grundsteuer B (andere Grundstücke):* | *14.574 Millionen €* | = *1,7%* |
| *Gewerbesteuer:* | *61.103 Millionen €* | = *7,3%* |
| *Sonstige Gemeinde-Steuern:* | *1.098 Millionen €* | = *0,1%* |

Der Bund erhält also 11,8% der Steuern, Bund und Länder gemeinsam 74,5%, die Länder 3,8%, die Gemeinden 9,3% – die Zölle betragen 0,6%. Macht insgesamt 100%. Es ist offensichtlich, dass der Bund und die Länder in Bezug auf die Steuern zusammenarbeiten müssen, da ihnen 3/4 der Steuern gemeinsam zukommen.

Je ca. 25% der Steuereinnahmen entfallen auf die Lohnsteuer und auf die Umsatzsteuern – sie machen 50% der Steuereinnahmen aus und sind daher die wichtigsten und auch die bekanntesten Steuern.

Jeweils grob gesagt 5% der Steuereinnahmen entfallen auf die Einkommenssteuer, die Energiesteuer, die Körperschaftssteuer, die Ertragssteuer, die Einfuhrumsatzsteuer und die Gewerbesteuer – macht 30%. Die restlichen ca. 20% entfallen auf die übrigen 22 Steuerarten, die alle bei ca. 1% liegen.

Zu den sonstigen Gemeindesteuern zählt z.B. die auch noch recht gut bekannte Hundesteuer.“

*„Das ist ja ein ziemliches Wirrwarr ...“*

„Wenn man es das erste Mal sieht – ja. Das ist historisch gewachsen und ...“

*„Dann sollte man es schleunigst ändern!“*

„... und es ist der Versuch, die Steuer-Last möglichst gerecht zu verteilen.“

*„Trotzdem muss das vereinfacht werden!“*

„Wie?“

*„Drei oder vier Steuerarten und fertig!“*

„Das würde die Steuerlast dann aber deutlich anders verteilen.“

*„Na und? Es würde jede Menge Verwaltung und Beamten-Gehälter einsparen!“*

„Ja – aber wer zahlt dann mehr und wer zahlt weniger? Meldest Du Dich freiwillig, um mehr Steuern zu zahlen?“

*„Nein – natürlich nicht!“*

„Nun – die anderen auch nicht. Die Veränderung des Steuersystems wird also Proteste hervorrufen ...“

*„Dann sollte man die Steuern ganz abschaffen!"*

„Das hatten wir doch schon … Dann würden wir sehr schnell ins Königtum und zu Clan-Kriegen zurückfallen – und die Klimaerwärmung würde niemand aufhalten, bis die Erde zu einer Wüste geworden ist …"

*„Mir passt das trotzdem nicht!"*

„Das kann ich verstehen – aber solange niemand einen besseren Vorschlag hat, wird es wohl so bleiben müssen …"

*„Und Du hast keinen Vorschlag?"*

„Nein – außer dem, dass man sich die Notwendigkeit der Steuern und die Wirkungen der Steuern auf den Gemeinschaftsbereich klar machen sollte."

*„Das ist aber noch nicht das Gelbe vom Ei …"*

„Um die Steuern an sich wird man nicht drum herum kommen – und die Art der Steuern, die erhoben werden, werden immer denen nicht passen, die sie dann zahlen sollen …

Schließlich gibt es noch die Kirchensteuer – doch da ist der Staat nur der naheliegende Helfer beim Eintreiben dieser Steuer, da sie vollständig an die Kirchen weitergeleitet wird."

*„Und die Rundfunkgebühr, die alle zahlen müssen – das ist auch eine Steuer, auch wenn sie nicht so heißt!"*

„Das ist wohl wahr."

# 3. Wirkung

♊

*„Was macht der Staat eigentlich mit den ganzen Steuereinnahmen? Den größten Teil verschwenden, oder? Und die Abgeordneten bekommen ein besonders großes Stück von dem Kuchen ..."*

„Da sollte man mal genauer hinschauen. Der Staat nimmt 833.189 Millionen € ein – und er gibt für die gesamte Verwaltung in der EU, im Bund, den Ländern und den Gemeinden 2.298 Millionen € aus – das sind 0,28%. Um es anschaulciher zu machen: Von jeden 100 €, die der Staat an Steuern einnnimt, fließen lediglich 28Cent in die Verwaltung.

Davon gehen an:

| | | | |
|---|---|---|---|
| die EU: | 37 Millionen € | = | 1,6% |
| den Bund: | 609 Millionen € | = | 26,5% |
| die Länder: | 522 Millionen € | = | 22,8% |
| die Gemeinden: | 326 Millionen € | = | 14,2% |
| in die Sozialversicherung: | 804 Millionen € | = | 35,0% |
| **gesamt:** | **2.298 Millionen €** | **=** | **100,0%** |

Das sind die Kosten der Verwaltung in Deutschland."

*„Also gehen nur 0,28% der Steuern gehen in die gesamte Verwaltung der BRD? Das ist weniger als ich befürchtet habe – aber trotzdem: Das sind 2 Milliarden € ..."*

„Auch die Menschen, die diese Arbeit machen, müssen von etwas leben."

*„Kann man das nicht noch weiter reduzieren? Das müsste doch möglich sein ..."*

„Das wird ja auch versucht – aber wenn man noch weniger Personen einstellt, müssen wir in den Ämtern noch länger warten. Und so viel verdient man in den Ämter nun auch wieder nicht …“

*„Aber die Abgeordneten leben gut von ihrem Gehalt …“*

„Sie bekommen 10.000 € im Monat.“

*„Nicht gerade wenig …“*

„Ja – der Durchschnittsverdienst in Deutschland liegt bei 3.330 € im Monat. Sie verdienen also dreimal so viel. So viel kann man sonst noch in den Banken, in der Pharma-Industrie, bei den Versicherungen, in der Luftfahrt oder in der Raumfahrt verdienen. Aber ein Fußballer verdient noch weit mehr – die gut bezahlten verdienen 1,5 Millionen € im Monat, die Bestverdienenden noch deutlich mehr.“

*„Das muss doch auch billiger gehen!“*

„Ja – Italien hat sein Parlament fast auf die Hälfte verkleinert. Und Deutschland hat das größte frei gewählte Parlament – nur das Parlament von China ist noch größer. Selbst das EU-Parlament ist kleiner als das der BRD.“

*„Wofür werden denn die ganzen Steuern ausgegeben? Der größte Teil geht zum Militär, nehme ich an?“*

„Nein – das ist nur der zweitgrößte Posten. Der größte Teil entfällt auf die Sozialausgaben:

| | | |
|---|---|---|
| Arbeit und Soziales: | 179.257.094.000 € | = 36,69% |
| Verteidigung: | 53.250.000.000 € | = 10,90% |
| Digitales, Verkehr: | 49.667.947.000 € | = 10,17% |
| Finanzverwaltung: | 46.170.579.000 € | = 9,45% |
| Schuldentilgung: | 33.216.446.000 € | = 6,80% |
| Bildung, Forschung: | 22.318.939.000 € | = 4,47% |
| Gesundheit: | 16.439.088.000 € | = 3,36% |
| Familie, Senioren, Frauen, Jugend: | 14.443.101.000 € | = 2,96% |
| Inneres, Heimat: | 13.748.181.000 € | = 2,81% |
| wirtschaftliche Zusammenarb., Entwickl.: | 10.280.316.000 € | = 2,10% |
| Wirtschaft, Klimaschutz: | 10.257.525.000 € | = 2,10% |
| Finanzen: | 10.140.929.000 € | = 2,08% |
| Wohnen, Stadtentwicklung, Bauwesen: | 7.422.466.000 € | = 1,52% |
| Ernährung, Landwirtschaft: | 6.862.256.000 € | = 1,40% |
| Auswärtiges Amt: | 5.871.239.000 € | = 1,20% |
| Bundeskanzler, Bundeskanzleramt: | 3.918.537.000 € | = 0,80% |
| Umwelt, Natur, nukl. Sicherh., Verbr.schutz: | 2.650.765.000 € | = 0,54% |
| Bundestag: | 1.252.969.000 € | = 0,26% |
| Justiz: | 1.042.494.000 € | = 0,21% |
| Bundesrechnungshof: | 197.557.000 € | = 0,04% |
| Bundespräsident, Bundespräsidialamt: | 58.392.000 € | = 0,01% |
| Datenschutz, Informationsfreiheit: | 47.161.000 € | = 0,01% |
| Bundesverfassungsgericht: | 43.469.000 € | = 0,01% |
| Bundesrat | 39.370.000 € | = 0,01% |
| Unabhängiger Kontrollrat: | 12.300.000 € | = 0,00% |

Knapp die Hälfte der Steuern wird also für Sozialausgaben und für die Verteidigung ausgegeben – 37% also für die Armen und 11% für den militärischen Schutz von allen."

*„Wenn sich doch alle weitgehend einig sind, dass der Klimawandel eine solche Bedrohung ist, dann sind die knapp 3% für Wirtschaft, Umwelt und Klimaschutz ja nicht sehr viel ... "*

„Nein ... das sind sie wirklich nicht ..."

*„Die Sozialausgaben – also der größte Posten bei den Ausgaben – was sind das? "*

„Das sind vor allem die Rentenversicherung und die Krankenversicherung.

| **Alter** | | **40,1%** |
|---|---|---|
| Rentenversicherung: | 381,1 Milliarden € | = 30,8% |
| Pensionen, Beihilfen: | 98,1 Milliarden € | = 7,1% |
| Betriebliche Altersversorgung: | 30,5 Milliarden € | = 2,3% |
| **Krankheit** | | **35,5%** |
| Krankenversicherung: | 301,7 Milliarden € | = 24,2% |
| Pflegeversicherung: | 59,1 Milliarden € | = 4,7% |
| Unfallversicherung: | 14,9 Milliarden € | = 1,2% |
| Entgeldfortzahlung (Krankheit): | 68,0 Milliarden € | = 5,4% |
| **Krisen** | | **9,0%** |
| Jugend-, Einglieder.-, Soz.hilfe: | 112,7 Milliarden € | = 9,0% |
| **Arbeitslosigkeit** | | **7,0%** |
| Arbeitslosenversicherung: | 33,8 Milliarden € | = 2,7% |
| Grundsicher. Arbeitssuchende: | 53,8 Milliarden € | = 4,3% |
| **Sonstiges** | | **6,1%** |
| weitere Leistungen: | 75,9 Milliarden € | = 6,1% |
| **Familie** | | **4,7%** |
| Kindergeld, Fam.leist.ausgleich: | 59,0 Milliarden € | = 4,7% |

40% der Sozialausgaben entfallen auf die Rente u.ä., 35% auf die Versorgung bei Krankheiten. Das Arbeitslosengeld, über das so viel und so emotional-provokativ diskutiert wird, beträgt nur 7% der gesamten Sozialausgaben – das sind nur 2,6% der gesamten Steuereinnahmen."

*„Diese Diskussion ist dann offensichtlich eher politisch motiviert als sachlich begründet …"*

„Das würde ich auch so sehen – ein Ablenkungsmanöver von den eigentlich wichtigen Dingen … eine Kanalisierung von latenten Aggressionen …"

# 4. Nachbarschaftshilfe

♋

*„Wer hat eigentlich die Steuern erfunden?"*

„Niemand."

*„Was?"*

„Das gab es schon immer – nur unter anderen Namen.

Steuern gibt es in der heutigen Epoche der Globalisierung in jedem Staat.

Auch in der vorigen Epoche des Materialismus haben die Staaten schon Steuern erhoben.

Davor in der Epoche des Königtums wurden die Steuern lediglich 'Abgaben' und 'Fronarbeit' oder, wenn sie die Kirche betrafen, 'Zehnter', womit 10% gemeint sind, genannt.

Da das Geld erst im Königtum erfunden worden ist, gab es davor keine Steuern, die in Geld an die Herrschenden entrichtet wurden – in der Jungsteinzeit vor dem Königtum gab es auch keine Herrscher, sondern nur die Dorfgemeinschaft. Doch auch in der Dorfgemeinschaft gab es Arbeiten, die gemeinsam getan wurde, weil sie allen nutzten – wie einen Dorfteich anlegen – oder weil sie für einen Einzelnen zu groß waren – wie der Bau einer neuen Scheune.

Noch weiter zurück – also in der Altsteinzeit – gab es nur die Sippe von meist ungefähr zwei Dutzend Menschen, die die meisten Dinge wie die Jagd und den Hüttenbau gemeinsam durchführten.

Man kann sogar noch einen Schritt weiter zurückgehen und sich das Herdenverhalten der meisten Säugetiere ansehen oder den Schutz der Jungen durch die Muttertiere.

Die Steuern sind also ganz einfach das Sozialverhalten der Säugetiere, der Primaten und schließlich der Menschen, das schrittweise über die Jagd in der Sippe, die gemeinsamen Arbeiten der Dorfgemeinschaft und die Abgaben an den König zu den Steuern in den heutigen Staaten geworden ist."

*„Das ist eine Herleitung, die einem bei dem Wort 'Steuern' normalerweise nicht sofort bewusst ist ... Aber die Steuern sind derart abstrakt, dass man in ihnen das Gefühl der Gemeinschaftsarbeit nicht mehr spüren kann ... "*

„Ja – unsere Welt ist so groß und komplex geworden, dass unsere Instinkte nicht mehr ausreichen, um die Situationen zu erfassen. Da hilft es, sich die Wurzeln der abstrakten Vorgänge zu verdeutlichen."

*„Aber Reste sind ja noch übrig ... wie die gegenseitige Hilfe in der Familie."*

„Ja – und die Nachbarschaftshilfe oder das Zusammenarbeiten in Kooperativen."

*„Nachbarschaftshilfe macht das Leben deutlich einfacher und angenehmer. ... Das stimmt wirklich."*

„Oft sind das ja nur Kleinigkeiten, wie der alten Frau von nebenan den Einkauf heimtragen oder jemandem helfen, das neue Sofa in die Wohnung zu tragen, oder den Hund der Nachbarin Gassi zu führen, während sie im Krankenhaus ist."

*„Das ist vom Gefühl her leichter fassbar als das Zahlen von Steuern ... und es macht auch nicht wütend wie der Schachzug der Rundfunkanstalten, die es geschafft haben, die Rundfunkgebühren in eine allgemeine Steuer umzuwandeln!"*

„Es gibt auch noch Reste der alten Dorfgemeinschafts-Traditionen wie die Almende."

*„Nie gehört ... Was ist das?"*

„Die Almende ist ein Teil des Ackerlandes, der Weiden und der Gewässer einer Gemeinde, die allen gemeinsam gehören und die alle nutzen können. Daneben gibt es noch den Anger, also den meist grasbewachsenen Dorfplatz, auf dem die Feste gefeiert werden und der von allen instand gehalten und genutzt wird. Schließlich gibt es in Schweden, Norwegen, Finnland, Schottland und in der Schweiz auch noch das 'Jedermannsrecht', das jedem erlaubt, alles Land, das nicht ein Garten an einem Haus o.ä. ist, zu betreten, dort eine Nacht zu zelten und ein Feuer zu entfachen. Dabei darf natürlich nichts beschädigt oder vermüllt werden."

*„Das klingt eigentlich ganz sympathisch ... "*

„Ja – und es macht auch den Menschen, die dauerhaft nomadisch leben wie die Zigeuner oder die einfach mal einen Sommer lang wandern gehen wollen, das Leben deutlich einfacher."

*„Hm ... eigentlich ist man es gewohnt, dass alles immer irgendjemandem gehört und dass man nirgendwo etwas ohne ausdrückliche Erlaubnis machen darf ...*

*Dieses Jedermannsrecht ist ja eigentlich die Festlegung, dass bestimmte Bereiche allen gehören – und daraus entsteht hier auf einmal eine größere Freiheit des Einzelnen. Das überrascht mich jetzt ein wenig. Ich dachte, dass das soziale Verhalten den Einzelnen immer nur einschränkt."*

„Das soziale Verhalten hat ja zwei Seiten: Du hilfst anderen und andere helfen Dir. Das ist auch die Grundalge des Verhaltens in der heutigen Epoche der Globalisierung: Man begreift sich als ein Individuum in der Menschheit, in der jeder von jedem abhängt. Daraus ergibt sich, dass der Einzelne die Verantwortung für das Ganze trägt, aber andererseits auch im Vertrauen auf das Ganze leben kann."

*„Das klingt jetzt aber arg idealisiert!"*

„Diese Epoche beginnt ja auch erst gerade und die Einsicht der weltweiten gegenseitigen Abhängigkeit steckt noch sehr in den Anfängen."

*„Gut – bei der Umweltverschmutzung und der Klimaerwärmung sehe ich das ja – aber sonst?"*

„Wie ist es mit der Überbevölkerung, den Kriegen, der Migration?"

*„Ja, gut – die haben auch auf die nicht direkt beteiligten Länder Auswirkungen ... Aber was hat das alles mit den Steuern zu tun?"*

„Die Steuern sind der mittlerweile ziemlich 'abstrakt' gewordene Ausdruck des Zusammenhalts der Gemeinschaft. Das war erst die Sippe, dann das Dorf, dann das Königreich, dann der Staat und heute die Menschheit. Aber der 'organisierte Zusammenhalt' der Menschheit hat ja auch erst 1920 mit der Gründung des Völkerbunds begonnen, der dann 1945 in die UNO umgewandelt worden ist."

*„Dann sollte man eigentlich annehmen, dass sich das heutige Steuer-System noch einmal weiterverwandelt, um zu einem 'Menschheits-Sozialsystem' zu werden ..."*

„Ja – das vermute ich auch."

# 5. Eigenanteil

♌

*„Hm ... Mir ist jetzt deutlich geworden, dass Steuern oder etwas in dieser Art notwendig sind, da es nicht nur individuelle Ziele gibt, die aus dem eigenen Portemonnaie bezahlt werden, sondern auch kollektive Ziele gibt, die über die Steuern bezahlt werden.“*

„Und über das Größen-Verhältnis zwischen beidem kann man vortrefflich streiten.“

*„Die Liberalen wollen möglichst wenig Steuern, die Sozialen wollen eine möglichst gute Absicherung von allen.“*

„Das sind die beiden grundlegenden – und genau entgegengesetzten – Ansätze.“

*„Hast Du da eine elegante Lösung für diesen Widerspruch?“*

„Nein – aber immerhin einen Rahmen, über den sich die meisten einig sein werden.“

*„Sag an.“*

„Die Einzelnen müssen sich mit ihrem 'Einkommen minus Steuern' noch ein individuelles Leben gestalten können – und alle müssen überleben können.“

*„Hm ... darüber sollten sich ja eigentlich alle einig sein ...“*

„Sind sie aber nicht. Für viele Republikaner in den USA gibt es kaum einen Unterschied zwischen einer staatlichen Krankenversicherung und der Zentralen Planwirtschaft wie im Kommunismus. Und eine Krankenversicherung für alle gehört zur Absicherung des Überlebens für alle – sonst sterben Menschen an einer Blinddarmentzündung, weil sie die Operation nicht bezahlen können.“

*„Die Menschen neigen wirklich zu Extrem-Standpunkten ...“*

„Ja – das Verfahren, dass man alles von einem einzigen Grundprinzip herleitet, stammt noch aus dem Königtum, der Philosophie und dem Monotheismus. In ihnen war dieses Einzige der König, die Wahrheit und der eine-alles-einzige Gott. Leider führt dieser Ansatz zu Polarisierungen und zu dem 'alles oder nichts'-Verfahren."

*„Dann brauchen wir also auch bei den Steuern das 'sowohl als auch'-Prinzip?"*

„Meiner Meinung nach ja. Doch selbst dann, wenn man sagt, dass zum einen eine möglichst große Freiheit des Einzelnen angestrebt wird und zum anderen die Lebens-absicherung aller angestrebt wird, hat man zwar die beiden Extremfälle des vollständigen Liberalismus mit seiner Freiheits-Betonung und auch den vollständigen Sozialismus mit seiner Gemeinschafts-Betonung ausgeschlossen – also sozusagen 'Schwarz' und 'Weiß' – aber es bleibt dazwischen noch eine breite, mehr oder weniger helle Grauzone mit einem liberal-sozialen Gemisch. Auch in dieser Grauzone lässt es sich noch vorzüglich über das rechte Maß, die rechte Mischung streiten."

*„Es müsste doch irgendeine Möglichkeit geben, da einen sinnvollen Maßstab zu finden."*

„Wir können es ja mal zusammen versuchen."

*„O.k. Wie fangen wir an?"*

„Wir können ja mal den Spielraum, den wir haben, genauer eingrenzen."

*„Gut. Fang Du an."*

„Die Rente, also das Geld, das die Alten erhalten, wenn sie nicht mehr arbeiten gehen können – das sollte eigentlich nicht verändert werden. Das sind in der BRD 14,8% der Steuereinnahmen.

Auch die Unterstützung der Kranken sollte gesichert sein. Das sind in der BRD 13,3% der Einnahmen.

Außerdem sollten auch Arbeitslose eine Unterstützung erhalten, damit sie nicht alles verlieren und schließlich zu Bettlern werden. Das wären noch einmal 2,6%.

Das sind zusammen ca. 21% der Steuereinnahmen."

*„Gut – das wären dann die Minimal-Sozialausgaben. Worüber könnte man sich noch einigen?"*

„Vorerst ist wohl das Militär noch notwendig, um die Freiheit des Staates und somit auch des Einzelnen abzusichern."

*„Ja – leider …"*

„Also noch einmal 11% für das Militär. Und über den Straßenbau dürfte auch Einigkeit bestehen – das wären noch mal 10%.

Ergibt zusammen 42%."

*„Gut – und um die Verwaltung kommen wir dann wohl auch nicht drum herum. Wie viel % der Steuer-Einnahmen war das?"*

„Die gesamte Verwaltung von der Gemeinde bis zum Bundeskanzler: 12%.

Macht zusammen 54%."

*„Gibt es noch etwas Unumgängliches? Umweltschutz? Klimaschutz? Das brauchen wir ja schlichtweg zum Überleben."*

„Das sind noch mal 3%. Ergibt 57%. Dazu noch die Landwirtschaft mit 1% – und die Schuldentilgung von 7% ist ja auch unumgänglich.

Damit wären schon mal 65% der Ausgaben des Staates notwendig … Die übrigen Ausgaben-Posten sind zwar kleiner, aber die haben auch alle einen soliden Grund. Es gibt eigentlich kaum etwas, was man einsparen könnte, aber vieles, was sinnvoll ist und wofür man gut mehr Geld brauchen könnte wie den vollständigen Umbau auf regenerative Energien."

*„Da bleibt ja nicht mehr viel Spielraum."*

„Es ist im Grunde wie in einer Familie: Der Vater verdient einen bestimmten Betrag, die Mutter kümmert sich um die Kinder und den Haushalt und verdient vielleicht noch etwas dazu. Dann brauchen alle gemeinsam eine Wohnung, etwas zu Essen und Kleidung. Und was darüber hinausgeht und sinnvoll wäre oder Freude machen würde, muss ausdiskutiert werden … Nicht alles, was sinnvoll oder wünschenswert wäre, lässt sich auch umsetzen …"

*„Ja – das Klavier für den Sohn muss man irgendwo Second-Hand bekommen, das Auto wird gebraucht gekauft und der nächste Urlaub findet zuhause und am Baggersee statt, weil kein Geld mehr übrig ist."*

„Und in der Politik muss man schauen, was wie notwendig und wie dringend ist und welche Lösung man auswählt.“

*„An der Stelle werden die Diskussionen dann meistens hitzig und polemisch: Jeder will seine eigene Sicht der Dinge durchsetzen. “*

„Das geht besonders gut, wenn man Emotionen wecken kann – egal, ob sich die durch Zahlen belegen lassen oder nicht. Der Streit darum, ob man etwas 'Arbeitslosengeld', 'Grundsicherung', 'bedingungsloses Grundeinkommen' oder sonst wie nennt, geht in der Regel nicht auf die Notwendigkeit einer Unterstützung ein und auch nicht auf mögliche Vereinfachungen der ganzen sozialen Unterstützung und ebensowenig auf den doch sehr geringen Anteil der Arbeitslosengelder an den gesamten Steuerausgaben – die betragen, wenn man alle Arten des Arbeitslosengeldes zusammen nimmt, nur 2,6% der Steuereinnahmen.

Das Militär hat 11% – da wäre eine Diskussion lohnender. Doch das Militär wird von fast allen als notwendig angesehen.

Oder bei den Renten – dafür werden 15% der Steuereinnahmen ausgegeben. Aber auf Arbeitslose kann man herabschauen – das sind auch nur 3,2% der Bevölkerung. Doch Rentner und Pensionäre gibt es in der BRD da. 20 Millionen – das sind 24% der Bevölkerung. Wenn eine Partei diese Gruppe als 'faul' oder als 'Schmarotzer' kritisieren würde, würde sie das bei den nächsten Wahlen sehr deutlich zu spüren bekommen.

Bei solchen Diskussionen und Polemiken wird auch nicht angeführt, dass das heutige Verhindern des Klimawandels uns sehr, sehr viel weniger kosten würde als die Folgen des Klimawandels in 10 oder 20 Jahren …“

*„Diese Diskussionen sind wirklich nicht immer von einem Reichtum an Einsicht und Weisheit geprägt … “*

# 6. Kontrolle

♍

*„Wie wird das eigentlich überprüft, ob alle ihre Steuern korrekt zahlen?"*

„Das kann gar nicht sicher überprüft werden … Die Lohnsteuer, die einen Anteil von 26,2% an den Steuer-Einnahmen ausmacht, wird vom Arbeitgeber direkt abgeführt – da kann man nicht viel mogeln."

*„Aber die Schwarzarbeit?"*

„Das ist ein Problem. Durch Schwarzarbeit, Betrug und Tricks hat der Staat 125 Milliarden weniger Steuereinnahmen pro Jahr. Die Schwarzarbeit macht ca. 10% der Bruttosozialprodukts aus."

*„Das ist wirklich viel …"*

„Bei der Umsatzsteuer, die 23% der Steuer-Einnahmen ausmacht, ist es ähnlich: Werden Waren legal gehandelt, erhält der Staat die Umsatzsteuer. Für auf dem Schwarzmarkt gehandelte Waren werden natürlich keine Steuern gezahlt.

Bei der Einfuhrumsatzsteuer, die sich immerhin auf 8% der Steuer-Einnahmen beläuft, ist das ähnlich – wobei der Zoll natürlich gut kontrolliert, aber auch nicht alles erfasst, was ins Land geschmuggelt wird.

Die vierte große Quelle für die Steuer-Einnahmen ist die Gewerbesteuer, die 7% der Steuer-Einnahmen ausmacht. Sie kann nur umgangen werden, wenn ein Unternehmen gar nicht gemeldet ist oder massiv seine Buchhaltung fälscht."

*„Ist das in anderen Ländern genauso schlimm?"*

„In den Ländern der 'Organisation für wirtschaftliche Zusammenarbeit und Entwicklung' (OECD) liegt Deutschland in Bezug auf die Schwarzarbeit ungefähr in der Mitte:

<u>**Anteil Schwarzarbeit in den OECD-Ländern**</u>

| | |
|---|---|
| Griechenland | 21,9% |
| Italien | 21,6% |
| Belgien | 17,4% |
| Spanien | 17,2% |
| Portugal | 17,2% |
| Frankreich | 15,0% |
| Großbritannien | 13,4% |
| Schweden | 12,5% |
| Finnland | 11,5% |
| Deutschland | 11,3% |
| Kanada | 11,0% |
| Norwegen | 10,9% |
| Irland | 10,2% |
| Australien | 10,1% |
| Japan | 10,0% |
| Niederlande | 9,6% |
| Neuseeland | 8,7% |
| Österreich | 7,8% |
| Schweiz | 7,1% |
| USA | 5,6% |

Die Menschen in diesen Ländern sind offenbar verschieden gesetzestreu … In den europäischen Mittelmeerstaaten hat die leicht anarchistische Eigenständigkeit gegenüber den Behörden ja eine lange Tradition … also in Griechenland, Italien, Spanien, Portugal und Frankreich."

*„In den USA ist die Schwarzarbeit erstaunlich niedrig, obwohl die dort doch so sehr die Freiheit des Einzelnen betonen … Warum ist das so?"*

„Ganz einfach. Die USA und die Schweiz sind sehr liberal eingestellt, d.h. es gibt nur wenig Steuern und Sozialabgaben auf die Arbeit – da lohnt sich Schwarzarbeit kaum."

*„Und in der BRD?"*

„Da  gab es bis 1975 auch nur 5,75% Schwarzarbeit. Das ist dann wegen der hohen

Arbeitslosigkeit bis 2003 auf 17,1% gestiegen. Dann hat die SPD die Steuerlast gesenkt und den Arbeitsmarkt dereguliert, woraufhin die Schwarzarbeit wieder gesunken ist, bis sie 2009 durch die Weltwirtschaftskrise wieder auf die heutigen 11% angestiegen ist.

In liberalen Staaten gibt es wenig Schwarzarbeit, weil der Verdienst-Unterschied zwischen legaler Arbeit und Schwarzarbeit recht klein ist. In sozial ausgerichteten Staaten ist die Schwarzarbeit meistens hoch, da dort der Verdienst-Unterschied zwischen legaler Arbeit und Schwarzarbeit groß ist – da ist die Verlockung der illegalen Arbeit einfach viel größer …“

*„Wie kann das denn vermieden werden – die Schwarzarbeit, die Steuerhinterziehung und die Steuertricks? Es ist ja wenig sinnvoll, ein System aufzubauen, das gerecht sein soll, aber das dann massiv unterlaufen wird …“*

„Das ist wohl wahr … Die Steuerhinterziehung beginnt mit dem Nicht-Anmelden einer Arbeit oder eines Gewinns oder eines Unternehmens.

Dann kann man noch, wenn man beides doch anmeldet, in der Steuererklärung falsche Angaben machen.“

*„Fliegt das nicht auf?“*

„Wenn's jemand geschickt macht, könnte er Glück haben … aber es ist riskant. Schließlich gibt es die Betriebsprüfer – und wenn die Zahlen finden, die sehr stark von der Realität abweichen oder widersprüchlich sind, gibt es die Steuerfahndung.“

*„Das müssen harte Kerle sein.“*

„Teilweise schon … aber ich habe mich auch mal mit Betriebsprüfern unterhalten, als ich selber noch auf dem Finanzamt gearbeitet habe. Da haben sie mal eine alte Frau mit einem Imbissstand kontrolliert und sie nach den Buchhaltung gefragt – doch die hatte nur einen Schuhkarton mit ein paar Quittungen. Die wusste gar nicht, was die Betriebsprüfer eigentlich von ihr wollten. Schließlich hat einer von den Betriebsprüfern zu den anderen gesagt: 'Kommt – lassen wir die Frau in Ruhe. Die ist alt und verdient sich hier so gerade mal ihren Lebensunterhalt. Woanders haben wir Wichtigeres zu tun.' Dann sind sie abgezogen.“

*„Das ist wahr?“*

„Ja. Für so was gibt es im deutschen Finanz-Recht den schönen Begriff der 'Kümmer-Existenz', also eines Lebens, das ziemlich kümmerlich ist …“

*„Hm … so habe ich mir die Finanzamts-Leute nicht vorgestellt. Das scheinen ja auch Menschen zu sein.“*

„Ja. Ich bin auch mal mit einem Bekannten zum Finanzamt gegangen, der von Konzerten und Yoga-Kursen gelebt hat und der mit seinen 55 Jahren noch nie eine Steuererklärung abgegeben hatte. Ich habe seinem Sachbearbeiter die Situation erklärt und der meinte daraufhin, dass der Bekannte von mir einfach jetzt mal anfangen sollte, jedes Jahr eine Steuererklärung abzugeben und dass sie sich um die früheren Jahre nicht kümmern würden.“

*„Weißt Du noch mehr solche Geschichten?“*

„Eine noch. In der Kantine des Finanzamtes Bonn-Außenstadt, in dem ich zwei Jahre gearbeitet habe, wurde mal eine Wand von zwei Arbeitern teilweise neu verputzt und gestrichen. Die beiden Arbeiter unterhielten sich laut miteinander, während die ganzen Beamten zu Mittag aßen.

'He – wie bist Du eigentlich an diesen Job gekommen?' – 'Den hat mir ein Kumpel vermittelt.' – 'Arbeitest Du auch schwarz hier?' – 'Na klar – sonst würde sich das doch überhaupt nicht lohnen!'

Da habe alle Beamten sich nur groß angeschaut, den Kopf geschüttelt und dann so getan, als ob sie nichts gehört hätten …“

*„Erstaunlich.“*

„Nun ja – Du sitzt da ja den ganzen Tag am Schreibtisch und sortierst Zahlen … wenn Du dann mal einem richtigen Menschen, der da vor Dir steht, helfen kannst, ist das auch eine ganz angenehme Abwechslung …“

*„Wenn Du das so beschreibst …“*

„Dann gibt es da noch die Steuerberater. Das sind sozusagen die Gegner der Finanzbeamten. Sie versuchen, mit allen möglichen Tricks die zu zahlenden Steuern zu senken. Doch wirklich kreativ können die natürlich nur bei der Einkommenssteuer werden, die von den Selbständigen und den Unternehmern gezahlt wird. Bei der Lohnsteuer ist da nicht viel Spielraum.

So richtig heftig wird es dann beim Steuerbetrug – solche wie den Cum/Ex-Geschäften zwischen 2002 und 2018 in der BRD, bei denen der deutsche Staat um 32 Milliarden € betrogen worden ist und die übrigen EU-Staaten noch einmal um weitere 31 Milliarden €. Diese Steuerfahnder haben mit Interpol zusammengearbeitet.“

*„Von den Steueroasen hört man auch des öfteren – das ist dann legale Steuerhinterziehung ...“*

„Ja – manchmal legal, aber manchmal auch illegal ... Aber im Grunde ist das so etwas wie Schwarzarbeit in großem Stil: Man nimmt seinen Hauptwohnsitz oder seinen Firmensitz in einem Land, wo man nur wenig Steuern zahlen muss, aber arbeitet weiterhin in demselben Land wie zuvor. Das ist ein Problem, das die Staaten, weil sie sich bisher nich immer nicht auf eine gemeinsame Strategie haben einigen können, auch noch immer nicht gelöst haben.“

*„Da kann man nur noch mit dem Kopf schütteln ...“*

# 7. Ausgleich

♎

*„Muß das Steuerrecht eigentlich so kompliziert sein, dass man einen Steuerberater braucht, weil man das alles selber gar nicht mehr durchschauen kann? Kann das überhaupt richtig sein?"*

„Nun, ja … wenn alle gleichviel verdienen würden, wäre das Steuerrecht sehr schlicht: Alle müssten den gleichen Betrag zahlen. Da es jedoch Arm und Reich und die Mittelschicht gibt, Einzelne und Familien mit und ohne Kindern – und auch mit vielen Kindern – brauchen wir ein sehr differenziertes Steuerrecht, um zu einer sinnvollen Verteilung der Steuerlast zu kommen …"

*„Aber es müsste sich doch trotzdem vereinfachen lassen!"*

„Danach wird ja auch immer wieder gestrebt – aber 'einfach' ist nicht immer auch zugleich 'richtig' oder 'sinnvoll' oder 'angemessen'. Manches ist ja auch einfach: zum Beispiel die Steuerklassen, die sich an dem Familienstand orientieren. Da kann jeder sofort erkennen, in welche Steuerklasse er gehört."

*„Wenn man sich mal damit auseinandergesetzt hat."*

„Das ist doch bei allem so: Wenn man sich nicht eine Weile mit der Sache beschäftigt hat, hat man auch kein Verständnis für sie."

*„Hm … also kompliziert – und dadurch gerecht … "*

„Ja – so könnte man das sagen. Schließlich wird ein Ausgleich zwischen Reich und Arm, zwischen Einzelnen und kinderreichen Familien, zwischen Arbeitenden und Rentnern usw. gesucht. Das alles dient dem Ausgleich und der sozialen Gerechtigkeit."

*„Soziale Gerechtigkeit … klingt gut, aber wer legt das fest?"*

„Da gibt es kein eindeutiges 'richtig' und 'unrichtig', sondern nur das, was die

Gemeinschaft gemeinsam beschließt – d.h. in einer Demokratie, was die regierenden Parteien beschließen."

*„Wobei die 'regierenden Parteien' die Abgeordneten sind, die in aller Regel nicht gerade zu den Ärmsten im Land zählen."*

„Ja – das ist ein Problem. Deshalb gibt es heute auch fast nirgendwo mehr die Vermögenssteuer."

*„Wo gibt es sie denn noch?"*

„In der OECD nur noch in Spanien, Frankreich, Luxemburg, der Schweiz und in Norwegen. In der Antike war die Vermögenssteuer in Athen und in Rom üblich, um Kriege zu finanzieren. Das blieb bis in die Neuzeit so, in der sich die Vermögenssteuer jedoch teilweise in eine Grundsteuer verwandelte. In Deutschland wurde erst 1893 wieder eine Steuer auf ale Arten von Vermögen – nicht nur auf Grund und Boden – erhoben.

Nach und nach schafften jedoch die meisten Staaten die Vermögenssteuer wieder ab – 1990 hatten noch 12 OECD-Staaten eine Vermögenssteuer; 2017 waren es nur noch fünf – wenn man die vereinzelten Reste in einigen Staaten der USA nicht mitzählt."

*„Warum eigentlich? Weil die Reichen die Gesetze machen?"*

„Das hat dabei bestimmt auch mitgespielt. Doch die Vermögenssteuer war auch nie besonders hoch – sie schwankte zwischen 1,5% und 2,5% der Steuer-Einnahmen. Und es gibt viele juristische und volkswirtschaftliche Argumente sowohl für als auch gegen die Vermögenssteuer."

*„Am größten ist doch der Anteil der Lohnsteuer und der Umsatzsteuer – und die treffen beide vor allem die Geringverdiener! Die Vermögenssteuer würde hingegen endlich mal die Reichen treffen!"*

„Ja – das stimmt schon … und das ist sicherlich auch ein wichtiger Grund dafür, dass es sie nicht mehr gibt. Aber wie gesagt: Es gibt viele Argumente für und gegen eine Vermögenssteuer."

*„Diese Argumente für und wider gibt es doch sicherlich bei allen Steuerarten – selbst bei der Hundesteuer."*

„Ja – das ist natürlich der Fall … Die Menschen haben eben verschiedene Ansichten und verschiedene Anliegen."

*„Wenn das Ziel der Steuern zu einem guten Teil die 'soziale Gerechtigkeit' ist, dann müsste diese 'soziale Gerechtigkeit' doch eigentlich auf die ganze Menschheit ausgedehnt werden. Dann müssten doch alle Staaten gemeinsam eine Steuererhebung machen und auch einen Verteilungsplan, der zwar einen großen Anteil der erhobenen Steuern bei den jeweiligen Staaten lässt, aber eine weltweite Grundsicherung für alle Menschen zur Verfügung stellt."*

„Ja – das wäre erstrebenswert. Dann würde auch der Hunger auf der Welt enden. Aber so lange wir nicht einmal in der Lage sind, die Kriege zu beenden, werden wir ein gemeinsames System der Besteuerung und der Verteilung der Steuer-Einnahmen wohl kaum erreichen können …"

*„Ja – die 'Steuergerechtigkeit', wie das so schön genannt wird, zu einer 'globalen Steuergerechtigkeit' auszubauen, wird wohl vorerst noch ein Wunschtraum bleiben … Wenn die Kriege enden würden, wäre da schon mehr Spielraum. Wenn auch nur die Hälfte der Rüstungskosten eingespart werden würde, könnte man damit mühelos den Hunger, die Obdachlosigkeit und noch einige andere Problemen wie den Klimawandel auf der Erde in den Griff bekommen."*

„Ja – für solche Kollektivaufgaben sind die Steuern auch gedacht."

*„Nur dass das bisher nur innerhalb eines einzelnen Staates betrachtet wird und evtl. noch in der EU, aber nicht weltweit als eine 'Organisation der globalen Gemeinschaftsaufgaben'. Davon sind wir noch weit entfernt."*

„Ja … leider … Es gibt zwar schon die UNO und die Entwicklungshilfe, aber die könnten noch ein bisschen mehr Einfluss brauchen …  und ein bisschen mehr Kooperation statt Kriegen zwischen den einzelnen Staaten wäre auch eine sehr große Hilfe …"

# 8. Absicherung

♏

*„Was ist eigentlich die Begründung für die Steuern?"*

„Das Kernstück der sozialen Haltung – und somit auch eine der Hauptbegründungen für das Erheben von Steuern – sind die Sozialversicherungen, also die Krankenversicherung, die Arbeitslosenversicherung, die Rente und die Pflegeversicherung. Sie wurde in der Zeit von 1883-1889 von Reichskanzler Bismarck eingeführt, um die Arbeiterunruhen zu besänftigen, die durch deren massive Ausbeutung und Not während der Industrialisierung entstanden war."

*„Läuft die Krankenversicherung nicht über die AOK, sofern man nicht privat versichert ist?"*

„Das stimmt schon. Doch diese staatlich vorgeschriebene und organisierte Sozialversicherung ist im Grunde auch eine Steuer, denn sie wird zwar von der AOK u.ä. verwaltet, aber die AOK u.ä. sind eigenständige Körperschaften des öffentlichen Rechts und gehören somit zu der Verwaltung des Staates. Diese Krankenkassen und Arbeitsämter u.ä. unterstehen alle dem Bundesministerium für Arbeit und Soziales. Diese Sozialversicherungen werden jedoch im Allgemeinen nicht als eine Steuer wahrgenommen, weil sie nicht als solche bezeichnet werden und weil der Verwendungszweck der Sozialabgaben klar ersichtlich ist."

*„Aber die Begründung für das Erheben von Steuern waren doch nicht immer soziale Argumente. Das war doch auch ganz schlicht die Ausnutzung der eigenen Macht durch die Könige!"*

„Das sehe ich auch so. Auch wenn heute bei den Steuern – zumindest in Deutschland – ihr weitgehend sozialer Zweck deutlich erkennbar ist, waren Steuern nicht immer vorwiegend sozial ausgerichtet, sondern wurden von Königen und Fürsten oft recht willkürlich zur eigenen Bereicherung und zum Führen von Kriegen erhoben. Von diesen Abgaben, die dem Führen von Kriegen dienten, sind heute nur noch die 11% der Steuern übrig, die für das Militär verwendet werden. Allerdings steigt der

Anteil in den letzten Jahren wieder – u.a. wegen der NATO-Forderung nach einem Einsatz von 2% des Bruttosozialproduktes (BSP) in die Rüstung. Man kann auch diesen Teil der Steuern zu der kollektiven Absicherung zählen."

*„Also ist Ursprung der Steuern der Egoismus der Herrschenden und der Reichen!"*

„Der Ursprung der Steuern ist die soziale Seite der Menschen. Sie ist sozusagen eine Ausweitung der Verantwortung für die Familie auf die ganze Menschheit."

*„Klingt mal wieder sehr idealistisch gedacht ... "*

„Aber man kann doch nicht abstreiten, dass es auch diese Seite der Menschen gibt, die eingesehen hat, dass das Leben einfacher wird, wenn man sich gegenseitig hilft."

*„Ja, gut – die Seite gibt es. "*

„Und diese Seite muss auf die Menschheit ausgedehnt werden, damit wir diese Erde nicht durch Kriege oder durch die Klimaerwärmung zugrunde richten."

*„Notwendig ist es, ja – aber können wir das auch erreichen? "*

„Bleibt uns denn etwas anderes übrig als das zu schaffen?"

*„Nein ... eigentlich nicht ... "*

„Es gibt ja auch schon Ansätze dazu wie die UNO oder die EU, die Klimakonferenzen oder die Welthungerhilfe. Das reicht zwar alles noch nicht aus – aber es ist doch schon mal ein Anfang!"

*„Ist ja schon gut ... Du hast ja recht ... "*

„Wenn man das Prinzip der Absicherung nicht nur individuell und 'Staats-intern' wie bei der Sozialversicherung oder kollektiv und 'Staats-extern' wie bei der Rüstung auffasst, sondern global und 'Staaten-übergreifend', dann gehört auch die Entwicklungshilfe, die Welthungerhilfe, der Umweltschutz und die Maßnehmen gegen die Klimaerwärmung zu den Formen der 'Absicherung durch die Steuern'."

*„Aber reichen die Steuern denn dafür aus, diese Ziele zu erreichen? "*

„Bei den Steuer-Ausgaben für diese drei Arten der Absicherung – individuell, Staats-kollektiv und Menschheits-kollektiv – sollte man auch beachten, dass die Steuern zwar teilweise direkt eingesetzt werden wie z.B. bei der Rentenzahlung, dass sie aber auch indirekt eingesetzt werden können wie z.B. bei der Förderung von Solarkraft. Das bedeutet, dass die Steuern z.B. über die Förderung der Forschung einen Effekt haben können, der deutlich über die für die Forschung eingesetzten Gelder hinausgeht."

*„Na gut – durch die Förderung von dem, was letztlich die erwünschte Wirkung hervorbringt, kann man natürlich auch mit weniger Geld viel erreichen ... Zum Beispiel durch die Förderung alternativer Heilweisen, die wirksam sind, aber nicht viel kosten. Dadurch wird das Gesundheits-System entlastet. "*

„Ja – solche Ansätze können unser Steuer-System voranbringen."

# 9. Werte

*„Ich glaube, ein Problem mit den Steuern ist, dass man ihren Nutzen nicht gleicht sieht. Wenn ich mir ein Brot kaufe oder meine Miete bezahle, weiß ich, wo mein Geld hingeht und was ich dafür bekomme. Wenn das Finanzamt Geld von mir einzieht, ist es einfach nur weg. Dass davon Straßen gebaut werden oder der alte Mann von nebenan dieses Geld dann als seine Rente erhält, sieht man halt nicht ... Und wenn man hört, dass der Staat Geld oder Waffen an die Ukraine gibt, werde ich vorher nicht gefragt, ob die das mit meinem Geld machen sollen.“*

„Ja – das macht es schwieriger, seinen Frieden mit den Steuern zu haben. Darauf haben in der Zeit, in der ich beim Finanzamt gearbeitet habe, ein paar Leute humorvoll hinweisen wollen. Sie haben einen 'Rüstungsanteil-Umwidmungsantrag' entworfen, der exakt so aussah wie die Formulare der Oberfinanzdirektion. Die sind dann auf einmal in ganz vielen Steuererklärungen aufgetaucht und haben die Finanzämter eine ganze Weile beschäftigt, bis klar war, dass das kein echtes Formular war. Aber immerhin haben sich dadurch viele Gedanken darüber gemacht, ob sie es eigentlich gut finden, was da mit ihren Steuern geschieht.“

*„Manche Leute sind wirklich kreativ mit ihrem Protest ...“*

„Ja – darüber ist damals viel geredet worden beim FA Bonn-Außenstadt.“

*„Es wäre gut, wenn man wirklich bestimmen könnte, was mit den eigenen Steuern geschieht.“*

„Dann würden vermutlich die meisten wollen, dass sie erst gar keine Steuern zahlen. Man müsste also über die Verwendung abstimmen lassen, aber nicht über die Höhe.“

*„Also Abstimmungen über den Verwendungszweck ...“*

„Das dürfte man aber nicht nach dem 'alles oder nichts'-Verfahren machen, dass in der Demokratie üblich ist, wo es nach einer Wahl immer einen Sieger und einen

Verlierer gibt.“

*„Und wie willst Du das anders machen?“*

„Man könnte die Steuergelder doch auch anteilig verwenden. Wenn 30% für 'Rente' stimmen, 20% für 'Krankenkasse', 10% für 'Straßen', 15% für 'Solar-Förderung' usw., dann könnten die Gelder in dieser Weise verwendet werden – also mit diesen Anteilen für die betreffenden Bereiche.“

*„Und Du meinst, dabei käme etwas Sinnvolles heraus?“*

„Zumindest wäre dann etwas klarer, was die Menschen wollen. Sie würden dann nicht nur eine Partei, sondern auch Themen wählen, um die sich die Parteien kümmern sollen.“

*„Hm ...“*

„Vermutlich wäre es gut, wenn man nicht nur ein Thema wählen dürfte, sondern z.B. fünf Themen und wenn man dabei festlegen dürfte, wie viele Punkte jedes Thema erhalten soll – jeder hat dann 100 Punkte zu vergeben. Nach dem Verfahren müssten sich die Leute tatsächlich mal Gedanken machen, was ihnen wichtig ist, und die Regierung bekäme ein klareres Bild, was die Menschen wollen.“

*„Und wenn die alle plötzlich Angst bekommen und alle das ganze Geld in die Rüstung stecken wollen?“*

„Man könnte ja noch eine Regel einbauen, dass sich die Werte von der letzten Wahl durch die neue Wahl um maximal fünf Punkte verändern dürfen – das würde das System etwas stabiler machen.“

*„Ich habe ja noch immer Zweifel, ob das System gut ist ...“*

„Das weiß ich auch nicht. Ich habe nur überlegt, wie es erreicht werden könnte, dass das, was die Regierung macht, nicht nur den Willen der Mehrheit, also den Willen der Wähler, die die Regierungsparteien gewählt haben, widerspiegelt, sondern anteilig den Willen von allen Wählern. Wobei beim Wählen einer Partei ja noch gar nicht so sicher ist, was die Partei dann anschließend machen wird ...“

*„Also keine Parteien mehr wählen, sondern Themen?“*

„Das müssten dann wohl zwei verschiedene Wahlen sein – eine Parteienwahl wie bisher in den Demokratien, und eine Werte-Wahl. Und die Parteien müssten nach der Wahl alle gemeinsam zusammenarbeiten – jede Partei erhält einen Teil der Aufgaben, die durch die Wahl der Werte vorgeschrieben wird. Das wäre dann natürlich der Teil der Aufgaben, der dieser Partei besonders wichtig ist. Und die Parteien müssten sich untereinander absprechen."

*„Klingt interessant, aber ob das so funktionieren kann, weiß ich nicht."*

„Das weiß ich auch nicht – ich habe einfach nach einer Möglichkeit gesucht, wie man eine Kooperations-Regierung erschaffen könnte statt einer Konkurrenz-Regierung wie in der Demokratie, wo es ja nach jeder Wahl Sieger und Verlierer gibt."

*„Und was hat das mit den Steuern zu tun? ... Ach, ja – diese bei der Werte-Wahl ermittelten Werte, nach denen die Regierung handeln soll, bestimmen ja auch, wohin die Steuergelder fließen."*

„Zumindest wären die Steuerzahler dann in die Verwendung der Steuergelder involviert und hätten einen Bezug zu dem, was mit ihren Steuern geschieht."

*„Das klingt zunächst mal ganz gut, aber das müsste erst noch ausprobiert und dann zu einem funktionierenden System zurechtgefeilt werden."*

„Ja, das ist auf jeden Fall nötig."

*„Immerhin würden auf diese Weise die Ziele, die die Einzelnen haben, also das, was sie erreichen wollen, ihre persönlichen Werte, zu einem Teil der Ziele und Werte der Regierung werden."*

„Das hieße dann aber, dass die Regierenden an den Willen des Volkes gebunden sind – das sind sie jetzt ja nicht. In der Demokratie entscheiden die Abgeordneten, die Minister und der Kanzler frei nach ihrem Wissen und Gewissen."

*„Sie unterliegen aber dem Gesetz und vor allem dem Grundgesetz. Und im Notfall kann man sich an das Verfassungsgericht wende, wenn die Regierung etwas macht, was nicht dem Gesetz entspricht. Aber bei dem neuen System, das Du vorgeschlagen hast, wären sie auch noch an die Werte gebunden, die bei der Werte-Wahl herauskommt. Das wäre dann neben den Gesetzen noch eine zweite Art von Leitplanken für die Straße, auf der die Regierung fahren darf."*

„Ja – so ist das gedacht."

*„Das wird der Regierung aber gar nicht gefallen – noch eine zweite Gruppe von Regeln, an die sie sich halten müssen."*

„Nein – das wird ihr wahrscheinlich nicht gefallen. Es wird ja oft argumentiert, dass das Volk nicht weiß – nicht wissen kann – was für es gut ist und dass deshalb die Regierenden frei entscheiden können müssen. Was den Informationsstand angeht, stimmt es sicherlich, dass die Regierenden einen weit besseren Überblick haben, aber was die Werte angeht, ist es ein bisschen überheblich, wenn die Regierenden meinen, dass sie besser wissen, welche Werte für das Volk gut sind. Daher wird dieses neue System wohl von den Menschen ausgehen müssen – das wird wohl kaum von der Regierung vorgeschlagen werden."

*„Nein – wohl kaum ... Aber man bekäme sofort einen viel lebendigeren Bezug zu den eigenen Steuerzahlungen ... Diese Wirkung hätte das neue System auf jeden Fall. Das wäre eine Alternative zum Volksentscheid – der ja von der Regierung ebenfalls möglichst vermieden wird, weil er die Macht der Regierung einschränkt ..."*

„Und vielleicht würden die Steuern dann auch etwas sinnvoller eingesetzt. ... Aber das ist jetzt natürlich reine Theorie, weil wir nicht wissen, welche Auswirkungen das hätte."

*„Manche werden Dein System polemisch 'Anarchie' nennen, um dieses System abzuwehren – dabei ist das doch nur eine etwas gründlichere Form der Demokratie, also der 'Volksherrschaft', was ja die wörtliche Bedeutung von 'Demokratie' ist. ... Wozu einen die Betrachtung der Steuern so alles bringen kann ...*

*Hast Du schon einen Namen für diese neue Regierungsform?"*

„Ja – 'Sophikratie'."

*„Und was heißt das?"*

„'Herrschaft der Weisheit'."

*„Ein hohes Ziel ..."*

„Aber genau das brauchen wir doch!"

*„Das stimmt natürlich – wenn man sich die Kriege, den Klimawandel, den Hunger und dergleichen ansieht ... dann wäre ein bisschen mehr Weisheit wirklich sehr willkommen ..."*

# 10. Lenkung

$$\psi$$



*„Woher kommt das Wort 'Steuer' eigentlich? Bezeichnet das etwas, womit man steuert?"*

„Nein – es ist zwar mit dem Wort 'steuern' verwandt, aber es ist nicht dasselbe Wort. Das althochdeutsche 'stiura' bedeutete 'Stütze, Unterstützung, Steuerruder', also in etwa 'hilfreicher senkrechter Pfosten' – auch das Steuerruder an den früheren Schiffen war ja ein außen an der Bordwand befestigter senkrechter Pfosten mit einem Griff oben und einem Ruderblatt unten.

Aus dem Steuerruder des Schiffes ist dann einerseits das Steuer, also das Lenkrad des Autos, geworden und andererseits ist aus der hölzernen 'Stütze' auch die Stütze im übertragenden Sinne, also die Unterstützung, die Hilfe, die Beihilfe geworden. Diese Bedeutung sieht man heute noch in den beiden Worten 'Aussteuer' für 'Gaben, die die Braut bei der Heirat erhält' und 'Stütze' für Sozialhilfe'.

Schließlich ist aus der 'Unterstützung' die 'Abgabe' an den Staat geworden – sozusagen unfreiwillige Almosen, die der Staat an die Bedürftigen verteilt."

*„Die Steuern sind also sprachgeschichtlich gesehen eine 'Unterstützung'. Das kommt ihrer Funktion ja sehr nahe. Sie sollen ja die Bedürftigen unterstützen und auch die Regierung darin unterstützen, den eigenen Staat zu schützen."*

„Ja … Aber die Bedeutung 'steuern, lenken' kommt der Aufgabe der Steuern auch sehr nahe. Durch das, wofür die Steuern ausgegeben werden, wird ja festgelegt, was man fördert und was man vernachlässigt."

*„Also sind die Steuern ein Lenkungs-Instrument für die Vorgänge in der Politik und in der Volkswirtschaft."*

„Ja – mit ihnen kann man die Rentner unterstützen, den Kranken helfen, die Solaranlagen fördern, das Heer aufrüsten usw. Aber die Steuern alleine reichen als Lenkungs-Instrument nicht aus."

*„Wieso?"*

„Man muss auch die Macht und die Einflussnahme, die auf anderen Wegen entsteht, wirksam begrenzen."

*„Woran denkst Du da?"*

„An Großspenden an Parteien; an Einflussnahme durch Spenden an einzelne Politiker; an Lobby-Arbeit, bei der die Meinung der Abgeordneten und Minister im eigenen Sinne geformt wird; an Bestechung; an Erpressung; an den Besitz von Kurzmitteilungsplattformen wie „X" (vormals „Twitter"), über die man die eigene Meinung verbreiten kann; an multinationale Konzerne, die sich der Rechtsprechung eines einzelnen Staates entziehen können; an Industrie, die mit der Abwanderung ins Ausland droht; an Steuerbetrug im großen Stil wie bei dem Cum/Ex-Skandal … Es gibt viel, wodurch man einen großen Einfluss auf die Politik nehmen kann …"

*„Hm … da gibt es anscheinend wirklich viele Möglichkeiten …"*

„Ja – wenn man Geld oder eine andere Form der Macht hat, kann man auch Politiker dazu bringen, dass sie einem einen 'Gefallen' tun …"

*„Dann steuern wieder einzelne Mächtige das Geschehen und nicht die Politiker, die das Wohl des ganzen Volkes im Blick haben sollten …"*

„Auch das, was andere Staaten machen, hat einen Einfluss auf die eigene Politik: Das sind nicht nur Kriege, sondern z.B. auch niedrige Steuern, oder Beschlüsse von Staatengemeinschaften wie der EU …"

*„Politiker zu sein sieht nicht so aus, als ob das ein angenehmer Job wäre … da muss man schon einen soliden Machtinstinkt haben, um da klar zu kommen …"*

„Aber viel beeinflussen kann man … Baut man Straßen oder Eisenbahnschienen? Behält man die Steuerbefreiung für Kerosin, also den Treibstoff für die Flugzeuge, in der EU bei, obwohl das den klimaschädlichen Flugverkehr fördert? Erhöht man das Renteneintrittsalter und erhöht man dadurch die Steuereinnahmen und verringert man dadurch gleichzeitig die Rentenzahlungen? Behält man die niedrige Körperschaftssteuer – wie in der Schweiz und Deutschland – bei, um die Industrie zu fördern?"

*„Die Steuern sind also das Lenkrad der Politiker für das 'Staats-Auto' …"*

„Nicht nur die Steuern, da ja auch viele Dinge beschlossen werden, die zunächst

mal nichts mit Geld zu tun haben – wobei natürlich bei fast allen Beschlüsse anschließend auch ein Geldfluss folgt …“

*„Also sind die Steuern doch ein zentrales Element in der Politik. “*

„Das kann man schon so sagen. Deshalb gibt es ja auch immer wieder den Streit
über den Haushalt des Staates.“

# 11. Globalisierung

≈

*„Du spricht immer wieder von der 'Epoche der Globalisierung', die um ca. 1945 mit der Gründung der UNO begonnen hat. Hast Du eine Idee, wie das Steuersystem in dieser Epoche der Globalisierung aussehen sollte?"*

„Tja … das ist eine wichtige Frage … Wie sollte das aussehen? … Ich weiß es nicht. Ich kann erst mal nur sagen, welche Wirkung es haben sollte – falls ein Steuersystem überhaupt eine solche Wirkung haben kann."

*„Und das wäre?"*

„Es sollte die Kriege beenden, es sollte die Klimaerwärmung beenden, es solle den Hunger beenden, es sollte den großen Unterschied zwischen Arm und Reich verringern, es sollte die Weltbevölkerung schrumpfen statt wachsen lassen, es sollte die Umwelt schützen, es sollte die Artenvielfalt erhalten … Da gäbe es noch so einiges mehr …"

*„Und wie willst Du das mit einem … Wie würdest Du das nennen? … mit einem 'globalisierten Steuersystem' erreichen wollen? Das ist doch unmöglich!"*

„Das mag sein. Aber hat da schon mal jemand gründlich drüber nachgedacht?"

*„Das weiß ich nicht … wahrscheinlich schon …"*

„Ja – wahrscheinlich. Aber was können wir dazu beisteuern?"

*„Hast Du einen Vorschlag?"*

„Den Unterschied zwischen Arm und Reich kann man ja gut durch Steuern angehen – und die Klimaerwärmung könnte man durch die gezielte Förderung von allen ökologischen Projekten verhindern, den Hunger könnte man durch eine 'Brot-Abgabe', mit der die Landwirtschaft in den betreffenden Ländern gefördert wird, verhindern … Da gibt es schon einiges, was man recht einfach mithilfe von Steuern erreichen könnte, wenn denn der Wille dafür da wäre.

Und es müsste ein System geben, das automatisch die bestraft, die einen Krieg beginnen."

*„Das wäre dann aber mehr als nur ein Steuer-System ..."*

„Ja ... vermutlich schon ... Die Steuern wären dann ein Teil von diesem System des Geldflusses – denn das sind die Steuern ja schließlich: ein Aspekt des Geldkreislaufes."

*„Also Boykotts, Handelsblockaden, eingefrorenes Auslandsvermögen und dergleichen ... Aber das gehört nicht mehr zu den Steuern."*

„Ja – das stimmt schon. Die Verwendung eines Teils der Steuergelder für die Aufrüstung des angegriffenen Staates ist da schon direkter."

*„Aber das haben wir ja schon."*

„Ja – das Denken in Gesamtzusammenhängen, das Denken als Menschheit beginnt sich allmählich durchzusetzen ..."

*„Was könnte es noch an konkreten 'globalen Steuermaßnahmen' geben?"*

„Eine weitgehend einheitliche Besteuerung in allen Ländern ... ein gemeinsamer Staats-Haushalt aller Länder – also eine gemeinsame Planung der Verwendung der eingenommenen Steuergelder ... die Steueroasen beenden ..."

*„Das klingt schon realitätsnäher ... Ich meine, dass hat mehr mit den Steuern zu tun – aber die Umsetzung wird schwierig werden, solange die Staaten sich noch als 'Einzelwesen' und nicht als organischer Teil der Menschheit ansehen."*

„Ja – solange das so ist, wird das mit den 'globalisierten Steuern' wohl nichts werden."

*„Man könnte doch auch klein anfangen und einen kleinen Teil der Steuern an die UNO abführen, die damit dann wiederum die dringendsten Nöte auf der Erde behebt."*

„Dann wäre man einer 'Weltregierung' ein Stückchen näher gekommen."

*„Aber wäre eine 'Weltregierung', also eine 'UNO mit erweiterten Kompetenzen'*

*eigentlich erstrebenswert? Was, wenn die UNO dann Dinge macht, die nicht allen zugute kommen?"*

„Ich verstehe Deine Bedenken ... die habe ich auch schon gehabt. Aber wir brauchen eine Einrichtung, die dabei hilft, die Vorgänge auf der Erde zu koordinieren, um die Kriege, den Hunger, die Klimaerwärmung usw. zu vermeiden. Ohne eine Institution, die diese Koordination und diese Kooperation leitet, wird das wohl kaum etwas werden mit dem Weltfrieden oder mit dem Vermeiden der Klimakatastrophe ..."

*„Hm ... das stimmt wohl, was Du da sagst ... Also damit anfangen, einen kleinen Teil der Steuereinnahmen an die UNO zu übertragen, die dann die größten Nöte lindern kann. Das wäre dann so etwas wie eine internationalisierte Entwicklungshilfe unter der Leitung der UNO."*

„Ja – so was in der Art ..."

*„Das wäre eine Grundlage, auf der man aufbauen und die man allmählich weiterentwickeln könnte."*

„Ja – ich glaube nicht, dass man so etwas mit einem Beschluss einrichten oder aufbauen kann. Das muss sich allmählich entwickeln. Dadurch kann man dann auch die Irrtümer korrigieren, die man bei kleinen Projekten erkennt, statt diese Fehler sofort im ganz großen Stil mit katastrophalen Folgen zu machen."

*„So wie 1959-1961 die Große Hungersnot mit 30 Millionen Toten in China, die vor allem durch Fehlplanungen in dem dritten Fünfjahresplan entstanden ist."*

„Ja – so was müssen wir ja nun wirklich nicht noch mal wiederholen. Also das Neue langsam Schritt für Schritt entwickeln."

*„Ja, das ist sicherer. Also mit der Überweisung eines Teils der Steuern der Staaten an die UNO beginnen. ... Das klingt gut, aber das ist völlig unrealistisch. Schließlich können sich die Parteien ja oft nicht einmal über den eigenen Staatshaushalt einigen – und dann noch Geld abgeben? Dann wird das ja noch schwieriger mit den Haushaltsberatungen."*

„Und wenn man diese 'UNO-Abgabe' – so wie Du das eben vorgeschlagen hast – als 'internationalisierte Entwicklungshilfe' auffasst? Dann wären die Beträge zwar klein, aber die UNO könnte schon mal anfangen."

*„Das stimmt wohl ... aber werden sich die Staaten auf so etwas einlassen?"*

„Sie unterstützen jetzt ja auch schon die Ukraine ... Warum sollten sie sich nicht irgendwann auch darauf einlassen können, über die UNO den Klimawandel noch abzuwenden?"

*„Vielleicht ..."*

„Und wenn ein großer Teil der Steuereinnahmen direkt an die UNO und nicht an die Staaten fließen würde, wäre die UNO auch in der Lage, einen Staat dadurch zum Beenden eines Krieges zu zwingen, dass sie ihm die Auszahlung der Steuergelder verweigert. Das wäre doch zumindest eine Möglichkeit ..."

*„Ja ... denkbar wär's ... aber da ist wohl viel Beten nötig, damit daraus was wird ..."*

„Ja – und es würde auch voraussetzen, dass die UNO immer vernünftige Entscheidungen trifft, was ja auch nicht garantiert ist ... Ich kann wirklich nicht abschätzen, was eine UNO als Weltregierung oder ähnliches bedeuten würde und welche Wirkungen das hätte ...

Aber ich schließe noch immer nicht ganz aus, dass die Einsicht der Menschen irgendwann mal ein bisschen weitsichtiger wird als sie es heute ist und dass die Menschen daher dann auch sinnvollere Entscheidungen treffen werden als es heute üblich ist."

*„Optimist!"*

„Ja – Fundamental-Optimist. Nur so kann man mit aller Kraft in die richtige Richtung gehen."

*„Das ist natürlich auch wieder wahr. Wenn man das Ziel nicht klar sieht und sich nicht ganz darauf ausrichtet, geschieht auch nicht viel ..."*

# 12. Ökologie

♓︎

*„Wenn ich mir die Steuern so anschaue und betrachte, was sie bewirken, dann sehe ich, dass es auch freiwillige Steuern gibt."*

„Freiwillige Steuern? Was meinst Du damit?"

*„Nun, ja – Spenden. Das sind doch so was wie freiwillige Steuern, nur dass sie auf einen ganz bestimmten Zweck ausgerichtet sind."*

„So habe ich das noch gar nicht betrachtet. Aber Steuern und Spenden sind ja wirklich beide auf das Gemeinwohl ausgerichtet …"

*„Dann gibt es noch das Ehrenamt – da machen die Leute etwas für die Gemeinschaft, ohne dafür etwas zu erhalten."*

„Und wir haben sogar die Gemeinnützigkeit als Prinzip, das vom Gesetz definiert ist. Daher können Vereine entweder eigennützig oder gemeinnützig sein. Und ein gemeinnütziger Verein braucht keine Steuern zu zahlen, weil er per Definition ja schon etwas ist, was der Allgemeinheit zugute kommt – er ist eben gemeinnützig. Daher braucht er keine Steuern zu zahlen, die dann ja für das Allgemeinwohl verwendet werden würden."

*„Wir scheinen ja doch noch eine Kultur der Gemeinnützigkeit zu haben."*

„Da gibt es noch etwas: Stiftungen."

*„Wie funktionieren die? Was ist das rechtlich gesehen?"*

„Das ist so ähnlich wie ein Verein, nur dass die Stiftung in ihrem Zweck festgelegt ist und ihr Zweck nur mit sehr großem Aufwand verändert werden kann. Ein Verein hingegen lässt sich leicht ändern – es muss nur die Mehrheit der Mitglieder der Änderung zustimmen."

*„Gibt es da noch etwas?"*

„Ja – die gGmbH.“

*„Und was ist das?“*

„Eine gemeinnützige GmbH. Es gibt auch noch die gAG, also die gemeinnützige Aktiengesellschaft, oder die gKGaA, also die gemeinnützige Kommanditgesellschaft auf Aktien. Das sind alles Kapitalgesellschaften, die einen gemeinnützigen Zweck verfolgen wie zum Beispiel das Betreiben eines Waisenheims, eines Theaters oder einer Volkshochschule. Dann gibt es auch noch die gemeinnützigen Genossenschaften, die z.B. die Eltern von Behinderten für den Aufbau einer Werkstatt für ihre behinderten Kinder gegründet haben.“

*„Es ist doch erstaunlich, wie differenziert das alles ist – und vor allem, wie weit der Gedanke des sozialen Verhaltens bis in die Rechtsformen von Unternehmungen hineinreicht, also in Vereine, Stiftungen, die gGmbh, die gAG, die gKGaA, die gGenossenschaft und was es da noch so alles geben mag …“*

„Ja – da gibt es schon eine große Vielfalt.“

*„Deine Idee, die Verwendung der Steuerzahlungen an den Staat an die Ergebnisse einer Werte-Wahl zu binden, die regelmäßig neben der Parteien-Wahlen abgehalten wird, ist doch gar nicht so utopisch. Immerhin hält der Staat ja schon Rechtsformen bereit, mit deren Hilfe sich Einzelne oder Gruppen von Menschen gemeinnützig, also sozial, engagieren können. Deine Idee wendet das Prinzip von Spenden, gemeinnützigem Verein, Stiftung, gGmbH, gAG, gKGaA und gGenossenschaft lediglich auf alle Gelder an, die in gemeinnützige Projekte fließen sollen – also auf die gesamten Steuereinnahmen.“*

„Eine interessante Perspektive, die Du da gerade beschreibst … Wir kennen das im Grunde schon, was ich mir da überlegt habe – nur ist es noch nicht verallgemeinert worden.“

*„Und das Prinzip der Kooperation, dass Dir so wichtig ist, gibt es ja auch schon als die BRD, die ein Zusammenschluss von 16 Ländern ist, als die EU, die ein Zusammenschluss von 27 Staaten ist, als die USA, die ein Zusammenschluss von 50 Bundesstaaten ist, als die UNO, die eine Kooperation zwischen 193 Staaten ist …“*

„Ja – eigentlich sind wir schon näher an meinem Vorschlag, als mir bewusst gewesen ist …“

# Bücher von Harry Eilenstein

**Magie für Anfänger**
- Telepathie für Anfänger (60 S.)
- Telepathie für Fortgeschrittene (52 S.)
- Telekinese für Anfänger (52 S.)
- Analogien für Anfänger (56 S.)
- Omen und Orakel für Anfänger (52 S.)
- Lebenskraft für Anfänger (60 S.)
- Meditation für Anfänger (56 S.)
- Kundalini für Anfänger (100 S.)
- Hypnose für Anfänger (56 S.)
- Kampfmagie für Anfänger (172 S.)
- Auto-Movement für Anfänger (56 S.)
- Chakra-Magie für Anfänger (148 S.)
- Astralreisen für Anfänger (56 S.)
- Astrologie für Anfänger (120 S.)
- Astrologische Quadrate für Fortgeschrittene (72 S.)
- Partnerhoroskope für Anfänger (100 S.)
- Silberschnüre für Anfänger (52 S.)
- Zaubersprüche für Anfänger (60 S.)
- Ritual-Magie für Anfänger (56 S.)
- Mandalas für Anfänger (68 S.)
- Geldzauber für Anfänger (56 S.)
- Liebeszauber für Anfänger (52 S.)
- Invokationen für Anfänger (52 S.)
- Evokationen für Anfänger (60 S.)
- Geister für Anfänger (52 S.)
- Elfen für Anfänger (56 S.)
- Magie-Forschung für Anfänger (140 S.)
- Magie-Romantik für Anfänger (60 S.)
- Selbsterkenntnis für Anfänger (52 S.)
- Einweihungen für Anfänger (60 S.)
- Drogen-Kabbala für Anfänger (216 S.)
- Zahlensymbolik für Anfänger (60 S.)
- Die Sprache des Mondes – für Anfänger (116 S.)
- Zaubergesänge für Anfänger (100 S.)
- Zukunftschau für Anfänger (60 S.)
- Schamanismus für Anfänger (52 S.)
- Schwitzhütten für Anfänger (52 S.)
- Magische Gegenstände für Anfänger (68 S.)
- Übertragungen für Anfänger (68 S.)
- Zaubertränke für Anfänger (64 S.)
- Magie-Gesten für Anfänger (252 S.)
- Da'ath-Magie für Anfänger (64 S.)
- Magie-Heilungen für Anfänger (68 S.)
- Kornkreise für Anfänger (348 S.)
- Feng Shui für Anfänger (96 S.)
- Tao für Anfänger (112 S.)
- Magie für Anfänger – Sammelband    I  (696 S.)
- Magie für Anfänger – Sammelband   II  (664 S.)
- Magie für Anfänger – Sammelband  III  (580 S.)
- Magie für Anfänger – Sammelband  IV  (700 S.)
- Magie für Anfänger – Sammelband   V  (676 S.)
- Magie für Anfänger – Sammelband  VI  (640 S.)

**Magie**
- Handbuch für Zauberlehrlinge (408 S.)
- Wie man das Pentagramm-Ritual zum Leben erweckt (308 S.)
- Tarot (104 S.)
- Physik und Magie (184 S.)
- Die Synthese von Physik und Magie (200S.)
- Die Magie-Formel (156 S.)
- Schwarze Löcher in der Magie (56 S.)
- Krafttiere – Tiergöttinnen – Tiertänze (112 S.)
- Schwitzhütten (524 S.)
- Mythen und Magie der Harfe (116 S.)
- Drei Adeptus Major Rituale (192 S.)
- Drei Adeptus Exemptus Rituale (120 S.)
- Zwei Infans Abyssi Rituale (128 S.)

**Traumreisen**
- Traumreisen zu Heilpflanzen (700 S.)
- Traumreisen zum kabbalistischen Lebensbaum (132 S.)

**Meditation**
- Der Lebenskraftkörper (230 S.)
- Die Chakren (100 S.)
- Das Chakren-System mit den Nebenchakren (296 S.)
- Organe und Chakren (64 S.)
- Die platonischen Körper in den Chakren (156 S.)
- Meditation (140 S.)
- Drachenfeuer (124 S.)
- Kundalini I (676 S.)
- Kundalini II (672 S.)
- Reinkarnation (156 S.)
- einsgerichtet (140 S.)

**Astrologie**
- Astrologie (496 S.)
- Photo-Astrologie (428 S.)
- Die astrologischen Aspekte (88 S.)
- Horoskop und Seele (120 S.)

**Kabbala**
- Kursus der praktischen Kabbala (150 S.)
- Eltern der Erde (450 S.)
- Blüten des Lebensbaumes:
    1. Die Struktur des kabbalistischen Lebensbaumes (370 S.)
    2. Der kabbalistische Lebensbaum als Forschungshilfsmittel (580 S.)
    3. Der kabbalistische Lebensbaum als spirituelle Landkarte (520 S.)
- Logik und Wirkung der Analogie (700 S.)

**Eilenstein, Frater V.D., Knecht, Büdenbender**
- Magie heute – Berichte aus der Praxis (288 S.)

**Büdenbender, Eilenstein**
- Chaos, Alk und Magic (436 S.)

53

**die „Anfänger"-Reihe**
- The Synthesis of Physics and Magic (192 p.)
- Telepathy for Beginners (60 p.)
- Telepathy for Advanced Learners (52 p.)
- Telekinesis for Beginners (56 p.)
- Life Force for Beginners (76 p.)
- Kundalini for Beginners (104 p.)
- Astral Projection for Beginners (60 p.)
- Meditation for Beginners (60 p.)
- Prophecy for Beginners (60 p.)
- Ritual Magic for Beginners (64 p.)
- Magic Chant for Beginners (108 p.)
- Invocations for Beginners (52 p.)
- Evocations for Beginners (62 p.)
- Auto-Movement for Beginners (60 p.)
- Elves for Beginners (56 p.)
- Hypnosis for Beginners (56 p.)
- Love Magic for Beginners (52 p.)
- Money Magic for Beginners (60 p.)
- Magic Objects for Beginners (64 p.)
- Shamanism for Beginners (52 p.)
- Chakra-Magic for Beginners (148 p.)
- Language of the Moon – for Beginners (128 p.)
- Self Knowledge for Beginners (60 p.)
- Da'ath-Magic for Beginners (64 p.)
- Astrology for Beginners (112 p.)
- Number Symbolism for Beginners (64 p.)
- Mandalas for Beginners (76 p.)
- Crop Circles for Beginners (344 p.)
- Feng Shui for Beginners (96 p.)
- Magic Research for Beginners (140 p.)
- Magic for Beginners – Anthology I (636 p.)
- Magic for Beginners – Anthology II (616 p.)
- Magic for Beginners – Anthology III (684 p.)
- Magic for Beginners – Anthology IV (580 p.)

**Eilenstein, Frater V.D., Knecht, Büdenbender**
- Living Magic (261 S.) (= „Magie heute")

**sonstige englische Ausgaben**
- The Biography of the Devil (140 S.)
- The Synthesis of  Physics and Magic (192 S.)
- The Chakra-System with the Minor Chakras (304 S.)